Dieses Tankbuch gehört:

Name

Adresse

Telefon

Fahrzeugdaten:

Kennzeichen

Marke

Modell

Baujahr

Gekauft am

Datum	Tankstelle	Kilometerstand	Trip

Notizen 🖉

Liter getankt	Preis Je Liter	Gesamtbetrag	Ø-Verbrauch je 100 KM

Datum	Tankstelle	Kilometerstand	Trip

Notizen 🖊

Liter getankt	Preis Je Liter	Gesamtbetrag	Ø-Verbrauch je 100 KM

Datum	Tankstelle	Kilometerstand	Trip

Notizen ✏️

Liter getankt	Preis Je Liter	Gesamtbetrag	Ø-Verbrauch je 100 KM

Datum	Tankstelle	Kilometerstand	Trip

Notizen 🖊

Liter getankt	Preis Je Liter	Gesamtbetrag	Ø-Verbrauch je 100 KM

Datum	Tankstelle	Kilometerstand	Trip

Notizen 🖊

Liter getankt	Preis Je Liter	Gesamtbetrag	Ø-Verbrauch je 100 KM

Datum	Tankstelle	Kilometerstand	Trip

Notizen 🖉

Liter getankt	Preis Je Liter	Gesamtbetrag	Ø-Verbrauch je 100 KM

Datum	Tankstelle	Kilometerstand	Trip

Notizen 🖊

Liter getankt	Preis Je Liter	Gesamtbetrag	Ø-Verbrauch je 100 KM

Datum	Tankstelle	Kilometerstand	Trip

Notizen 🖊

Liter getankt	Preis Je Liter	Gesamtbetrag	Ø-Verbrauch je 100 KM

Datum	Tankstelle	Kilometerstand	Trip

Notizen 🖊

Liter getankt	Preis Je Liter	Gesamtbetrag	Ø-Verbrauch je 100 KM

Datum	Tankstelle	Kilometerstand	Trip

Notizen ✏️

Liter getankt	Preis Je Liter	Gesamtbetrag	Ø-Verbrauch je 100 KM

Datum	Tankstelle	Kilometerstand	Trip

Notizen 🖊

Liter getankt	Preis Je Liter	Gesamtbetrag	Ø-Verbrauch je 100 KM

Datum	Tankstelle	Kilometerstand	Trip

Notizen 🖊

Liter getankt	Preis Je Liter	Gesamtbetrag	Ø-Verbrauch je 100 KM

Datum	Tankstelle	Kilometerstand	Trip

Notizen 🖊

Liter getankt	Preis Je Liter	Gesamtbetrag	Ø-Verbrauch je 100 KM

Datum	Tankstelle	Kilometerstand	Trip

Notizen 🖉

Liter getankt	Preis Je Liter	Gesamtbetrag	Ø-Verbrauch je 100 KM

Datum	Tankstelle	Kilometerstand	Trip

Notizen ✏️

Liter getankt	Preis Je Liter	Gesamtbetrag	Ø-Verbrauch je 100 KM

Datum	Tankstelle	Kilometerstand	Trip

Notizen 🖊

Liter getankt	Preis Je Liter	Gesamtbetrag	Ø-Verbrauch je 100 KM

Datum	Tankstelle	Kilometerstand	Trip

Notizen 🖊

Liter getankt	Preis Je Liter	Gesamtbetrag	Ø-Verbrauch je 100 KM

Datum	Tankstelle	Kilometerstand	Trip

Notizen 🖉

Liter getankt	Preis Je Liter	Gesamtbetrag	Ø-Verbrauch je 100 KM

Datum	Tankstelle	Kilometerstand	Trip

Notizen 🖊

Liter getankt	Preis Je Liter	Gesamtbetrag	Ø-Verbrauch je 100 KM

Datum	Tankstelle	Kilometerstand	Trip

Notizen ✏️

Liter getankt	Preis Je Liter	Gesamtbetrag	Ø-Verbrauch je 100 KM

Datum	Tankstelle	Kilometerstand	Trip

Notizen ✏

Liter getankt	Preis Je Liter	Gesamtbetrag	Ø-Verbrauch je 100 KM

Datum	Tankstelle	Kilometerstand	Trip

Notizen 🖊

Liter getankt	Preis Je Liter	Gesamtbetrag	Ø-Verbrauch je 100 KM

Datum	Tankstelle	Kilometerstand	Trip

Notizen 🖊

Liter getankt	Preis Je Liter	Gesamtbetrag	Ø-Verbrauch je 100 KM

Datum	Tankstelle	Kilometerstand	Trip

Notizen ✎

Liter getankt	Preis Je Liter	Gesamtbetrag	Ø-Verbrauch je 100 KM

Datum	Tankstelle	Kilometerstand	Trip

Notizen ✏️

Liter getankt	Preis Je Liter	Gesamtbetrag	Ø-Verbrauch je 100 KM

Datum	Tankstelle	Kilometerstand	Trip

Notizen 🖉

Liter getankt	Preis Je Liter	Gesamtbetrag	Ø-Verbrauch je 100 KM

Datum	Tankstelle	Kilometerstand	Trip

Notizen ✏️

Liter getankt	Preis Je Liter	Gesamtbetrag	Ø-Verbrauch je 100 KM

Datum	Tankstelle	Kilometerstand	Trip

Notizen 🖉

Liter getankt	Preis Je Liter	Gesamtbetrag	Ø-Verbrauch je 100 KM

Datum	Tankstelle	Kilometerstand	Trip

Notizen 🖊

Liter getankt	Preis Je Liter	Gesamtbetrag	Ø-Verbrauch je 100 KM

Datum	Tankstelle	Kilometerstand	Trip

Notizen 🖉

Liter getankt	Preis Je Liter	Gesamtbetrag	Ø-Verbrauch je 100 KM

Datum	Tankstelle	Kilometerstand	Trip

Notizen 🖊

Liter getankt	Preis Je Liter	Gesamtbetrag	Ø-Verbrauch je 100 KM

Datum	Tankstelle	Kilometerstand	Trip

Notizen 🖊

Liter getankt	Preis Je Liter	Gesamtbetrag	Ø-Verbrauch je 100 KM

Datum	Tankstelle	Kilometerstand	Trip

Notizen 🖊

Liter getankt	Preis Je Liter	Gesamtbetrag	Ø-Verbrauch je 100 KM

Datum	Tankstelle	Kilometerstand	Trip

Notizen 🖉

Liter getankt	Preis Je Liter	Gesamtbetrag	Ø-Verbrauch je 100 KM

Datum	Tankstelle	Kilometerstand	Trip

Notizen 🖊

Liter getankt	Preis Je Liter	Gesamtbetrag	Ø-Verbrauch je 100 KM

Datum	Tankstelle	Kilometerstand	Trip

Notizen 🖊

Liter getankt	Preis Je Liter	Gesamtbetrag	Ø-Verbrauch je 100 KM

Datum	Tankstelle	Kilometerstand	Trip

Notizen 🖊

Liter getankt	Preis Je Liter	Gesamtbetrag	Ø-Verbrauch je 100 KM

Datum	Tankstelle	Kilometerstand	Trip

Notizen 🖊

Liter getankt	Preis Je Liter	Gesamtbetrag	Ø-Verbrauch je 100 KM

Datum	Tankstelle	Kilometerstand	Trip

Notizen 🖊

Liter getankt	Preis Je Liter	Gesamtbetrag	Ø-Verbrauch je 100 KM

Datum	Tankstelle	Kilometerstand	Trip

Notizen 🖉

Liter getankt	Preis Je Liter	Gesamtbetrag	Ø-Verbrauch je 100 KM

Datum	Tankstelle	Kilometerstand	Trip

Notizen 🖉

Liter getankt	Preis Je Liter	Gesamtbetrag	Ø-Verbrauch je 100 KM

Datum	Tankstelle	Kilometerstand	Trip

Notizen 🖊

Liter getankt	Preis Je Liter	Gesamtbetrag	Ø-Verbrauch je 100 KM

Datum	Tankstelle	Kilometerstand	Trip

Notizen 🖊

Liter getankt	Preis Je Liter	Gesamtbetrag	Ø-Verbrauch je 100 KM

Datum	Tankstelle	Kilometerstand	Trip

Notizen ✏️

Liter getankt	Preis Je Liter	Gesamtbetrag	Ø-Verbrauch je 100 KM

Datum	Tankstelle	Kilometerstand	Trip

Notizen 🖊

Liter getankt	Preis Je Liter	Gesamtbetrag	Ø-Verbrauch je 100 KM

Datum	Tankstelle	Kilometerstand	Trip

Notizen 🖉

Liter getankt	Preis Je Liter	Gesamtbetrag	Ø-Verbrauch je 100 KM

Datum	Tankstelle	Kilometerstand	Trip

Notizen 🖊

Liter getankt	Preis Je Liter	Gesamtbetrag	Ø-Verbrauch je 100 KM

Datum	Tankstelle	Kilometerstand	Trip

Notizen ✐

Liter getankt	Preis Je Liter	Gesamtbetrag	Ø-Verbrauch je 100 KM

Datum	Tankstelle	Kilometerstand	Trip

Notizen ✏️

Liter getankt	Preis Je Liter	Gesamtbetrag	Ø-Verbrauch je 100 KM

Datum	Tankstelle	Kilometerstand	Trip

Notizen ✏

Liter getankt	Preis Je Liter	Gesamtbetrag	Ø-Verbrauch je 100 KM

Datum	Tankstelle	Kilometerstand	Trip

Notizen 🖊

Liter getankt	Preis Je Liter	Gesamtbetrag	Ø-Verbrauch je 100 KM

Datum	Tankstelle	Kilometerstand	Trip

Notizen 🖊

Liter getankt	Preis Je Liter	Gesamtbetrag	Ø-Verbrauch je 100 KM

Datum	Tankstelle	Kilometerstand	Trip

Notizen ✏️

Liter getankt	Preis Je Liter	Gesamtbetrag	Ø-Verbrauch je 100 KM

Notizen ✏️

www.ingramcontent.com/pod-product-compliance
Lightning Source LLC
Chambersburg PA
CBHW072222170526
45158CB00002BA/702

* 9 7 8 1 0 8 7 2 3 7 2 5 1 *